いっしょに考えよう
神さまとわたしのQ&A

著 吉田 隆
イラスト&マンガ 水瀬こりす

いのちのことば社

はじめに

　みなさん、はじめまして。
　わたしは、教会の牧師をしていますが、牧師さんたちを育てる学校の校長先生もしています。けれども、なにより、子どもたちが大好きです！
　この本に出てくるたくさんの質問のほとんどは、そんなわたしのところに小学生のみなさんからよせられた、ほんとうの質問です。おもわずわらってしまったおもしろいものもあれば、答えるのがむずかしいものもありました。でも、どれもたいせつな質問ばかりです。
　「どうして？　なんで？」と聞くことは、とてもたいせつです。わたしたちには、わからないことがたくさんあるからです。おとなの人や先生にだってわからないことが、この世界にはたくさんあります。この世界は、人間ではなく、神さまがおつくりになったからです。
　でも、その神さまが、わたしたちのために聖書をくださいました。ですから、聖書をまなぶと、たくさんのことが"わかる"ようになるのです。みなさんの質問への答えは、そうやって聖書か

らわかることだけを書きました。それでもわからないことはいっぱいあります。そんなときは、「わかりません」と正直に書きました。

たいせつなことは、ぜんぶを知ることではありません。そうではなくて、なにもわからないわたしたちを愛してくださる神さまを知ることです。そして、この神さまを信じることです。

この小さな本をよんで、みなさんの心の中にも、神さまを信じる心が生まれるといいなぁとねがっています。いえ、だれよりもイエスさまが、そのようにねがっておられるのですよ。

「子どもたちを、わたしのところに来させなさい。
……神の国はこのような者たちのものなのです。」

(マルコの福音書10章14節)

甲子園教会　牧師
神戸改革派神学校　校長
吉田　隆

もくじ

1. 神さまのこと 5
2. 人間のこと 13
3. 神さまのお仕事 23
4. イエスさまのおはたらきと十字架 31
5. イエスさまのよみがえり 43
6. 教会のこと 49
7. 神さまを信じる生活 69
8. 天国のこと 79

神(かみ)さまのこと

Q 神さまは、ほんとうにいるのですか？

とってもたいせつな質問です。いるのかなぁ、いないのかなぁ？神さまは目に見えないものね。

**A 神さまは、ほんとうにおられます。
でも、それを信じる心が、
みんなにあるわけではありません。**

先生はね、教会に行くまえから、神さまはいるんじゃないかなぁと思っていました。だって、しぜんや宇宙のことをかんがえたら、ふしぎなことがたくさんあるもの。とてもぐうぜんとは思えないよ。でも、聖書をよむまでは、ほんとうの神さまのことがわかりませんでした。

....

「天は神の栄光を語り告げ
　大空は御手のわざを告げ知らせる」
　　　　　　　　　　　　　　　詩篇 19：1

Q 神さまのことは、どうすればわかりますか？

そうだね。「なんとなく神さまがいるみたい」というのと、ほんとうに神さまのことが「わかる」のは、ちがうよね。

A 神さまのことは、聖書をよむとわかります。聖書には、神さまのことばが書かれているからです。

みんなの中に、いつもしずかでだまっているお友だちがいるかな？お話しをしてみないと、その人が何をかんがえているのか、どんな人なのかわからないよね。神さまも同じ。聖書には、神さまがなさったことやお話しになったことがたくさん書いてあるんだ。だから、聖書をよむと、神さまのことがよくわかるんだよ。

「聖書はすべて神の霊感によるもので…」
テモテへの手紙第二 3:16

Q 神さまは、どこにいるの？

神さまがいるのはわかったけれど、どこにいるんだろうね。目に見えないなら、どこにいるのかもよくわからないよね。日曜日は教会にいるかもしれないけれど、みんなが学校に行っている時はどうなんだろう？

A 神さまは、いつでも、どこにでもおられます！

神さまは世界中どこでも、宇宙のどこにでもおられます。でも、いちばんたいせつなことは、どんな時でもみんなといっしょにいてくださるということ。うれしい時も悲しい時も、ひとりぼっちの時も。なぜなら、神さまは、あなたのことが大好きだからです！

「私はどこへ行けるでしょう。 あなたの御霊から離れて」
詩篇 139:7

 Q 神さまは何でも知っている
というけれど、なんだかイヤだなぁ。

そうだねぇ。かくれて悪いことできないもんね。でも、神さまは、そうやってみんなを見はっている方なのかなぁ。

 A 神さまはわたしたちの
ぜんぶを知って、愛してくださる方です。
ですから、神さまには
何もかくさなくていいのですよ。

わたしたちの悪いところも弱いところも、ぜ〜んぶ知っているのに愛してくださるなんて、すごいと思いませんか！ 神さまには、何でも正直にお話しすればいいんだよ。

「あなたは 私の座るのも立つのも知っておられ…」
詩篇 139：2

Q 神さまって何さいですか？
おじいさんなんですか？

ハハハ。たしかに、マンガなどではおじいさんのようにかかれていることが多いよね。ほんとうはどうなんだろう？

A 神さまはえいえんにおられる、霊の方です。
ですから、どんなすがたかわかりませんし、
おじいさんでもありません。

霊だから、どんなお顔かもわからないんだ。男でも女でもない。聖書では、「お父さん」のように言われるところもあるけど、「お母さん」のように書かれているところもあるんだよ（イザヤ書49章15節、マタイの福音書23章37節など）。

「神は霊ですから…」 ヨハネの福音書 4：24

Q「天使」や「悪魔」って、
ほんとうにいるんですか？
「悪魔」って何だかこわいなぁ…。

マンガやアニメに出てくるよねぇ。「天使」には羽がはえていたり、「悪魔」はまっ黒でこわい顔をして、しっぽがはえていたり…。

A ほんとうにいます。
でも、「悪魔」は、神さまのおゆるしが
なければ、なにもできません。

聖書には「天使」や「悪魔」が出てきますね。でも自分かってには、なにもできないんだ。だから、しっかり神さまさえ信じていれば、悪魔もこわがらなくてだいじょうぶだよ！

「イエスは言われた。『下がれ、サタン…』すると悪魔はイエスを離れた。そして、見よ、御使いたちが近づいて来てイエスに仕えた」　マタイの福音書4:10-11

人間のこと

Q どうして神さまは、人間をつくったの？

神さまは、この世界や宇宙、すべての生き物をつくられました。とってもきれいな花から、ちょっと変わった生き物まで。でも、人間はどうなんだろう？ なんで人間をつくったのかなぁ。

A 人間をとくべつに愛してくださったからです。

神さまは人間を「神さまのかたち」に似せてつくられたと、聖書に書いてあるよ（創世記1章26節）。それはきっと、神さまのような心でしぜんや人をたいせつにするためなんだね。

人間にもいろんな人がいるよね。顔もからだもみんなちがう。病気の人も、手や足のない人もいます。でも心は、みんな「神さまのかたち」につくられているんだ。それは、どんな人でも神さまから愛されているしるしなんだよ！

「さあ、人をわれわれのかたちとして、われわれの似姿に造ろう」 創世記1:26

 Q 学校では「人間はもともとサルだった」とならいましたけれど…。

そんなふうに学校ではおしえているかもね。たしかに似ているような気もするけど…。ほんとうは、どうなんだろう？

 A 人間がつくられる前のことは、だれにもわかりません。わたしたちをつくってくださった神さまだけが、知っています。

人間がつくられる前には人間がいないのだから、だれにもわからないよね。いろいろかんがえることはできるけれど、本当のことは、神さまにしかわからない。サルはサルだし、人間は人間。神さまはそれぞれをユニークにつくってくださったんだね。

「わたしが地の基を定めたとき、あなたはどこにいたのか。
分かっているなら、告げてみよ」 ヨブ記38:4

 Q 動物は神さまを知っていますか？

なるほど。どうなのかなぁ？　犬や猫はワンワン、ニャーニャーとしか言わないからねぇ。

A もちろん！　動物たちは、ちゃんと
　　神さまのことを知っています。
人間もいちばんさいしょは、神さまのことが
　　ちゃんとわかっていたのですよ。

聖書には、動物だけじゃなくて、森も木も、つくられたものは、み〜んな神さまをほめたたえていると書いてあるよ（詩篇148篇）。人間も動物も、みんないっしょに神さまとしあわせに暮らせるようにつくられたんだね。

....

「野の獣、ジャッカルや、だちょうも、わたしをあがめる」
　　　　　　　　　　　　　　　　　　イザヤ書43:20

 Q 神さまは、どうして虫を
おつくりになったのですか。

ゴキブリなどはきもちわるいし、
「カ」にさされるとかゆいので、虫はきらいです。

なるほど。同じ虫でも、チョウはきれいだし、ダンゴムシはおもしろいよね。でもゴキブリや「カ」は、先生もにがてだなぁ。どうしてあんな虫もいるんだろうね。

 A なぜなのかはよくわかりません。
でも、きっと神さまのおかんがえが
あるのでしょう。

それぞれの虫にどんなお仕事があるのか、わたしたちにはよくわかりません。でも、ちょうどいろんな人たちがいるように、虫たちの世界にもいろんな虫がいるんだね。よ〜く見ているうちに「おもしろいなぁ」と思うようになるかもよ！

「蟻のところへ行け。そのやり方を見て、知恵を得よ」
箴言 6:6

Q なんで人には悪い心があるの？

そうだよね。人をいじめたり、傷つけたり…。世の中には、毎日、悲しいことがいっぱい起こるよね。ほかの人のことだけじゃない。自分の心の中をよ〜く見てみると、わたしの心の中にも悪い心がある。神さまが人間をつくってくださったはずなのに、なんでだろう？

A 人の心が神さまから離れてしまったからです。

神さまはね、人間を、神さまやみんなといっしょになかよく暮らせるようにつくってくださったんだ。でも、人間の心が神さまから離れて、自分がやりたいことをするようになってしまった。人をいじめたり傷つけたりするのも、相手のことをかんがえないで、自分かってにするからだね。この自分かってな心を、聖書では「罪」というんだ。

....

「人の心が思い図ることは、幼いときから悪であるからだ」
創世記 8:21

Q どうして神さまは、神さまから離れないように人をつくらなかったんですか？

するどい質問だね。たしかにそうだ。神さまはなんでもできるのに、どうして心が離れないようにつくらなかったんだろう？

A 人間はロボットではないからです。

神さまはね、いろんなことをかんがえる「心」を人間にあたえてくださいました。だけど、人間は、それを良いことではなく悪いことにつかうようになってしまったんだね。だから、良い心になるためには、もう一度神さまに心を直していただかなければならないんだ。

「私たちはみな、羊のようにさまよい、
　それぞれ自分勝手な道に向かって行った」
　　　　　　　　　　　　　　イザヤ書 53:6

Q エデンの園で、神さまは人間に木の実を食べたら「必ず死ぬ」と言われましたが食べても死にませんでした。なぜですか？

よく聖書をよんでいるね。創世記のお話で、神さまが、エデンの園のまん中にある「木から食べるとき、あなたは必ず死ぬ」（2章17節）とおっしゃったことだね。でも、エバもアダムも食べちゃったけど、コロッと死ななかったね。どうしてだろう？

A 神さまがおっしゃった「死ぬ」というのは、神さまといっしょにいることができなくなる、ということです。

人間に「いのち」をあたえてくださったのは、神さまだね。だから、人間は神さまといっしょにいないと、生きることができません。

神さまのいうことをきかなかったアダムもエバも、神さまといっしょにいたエデンからおいだされてしまったね。それで、人間は長生きできなくなったんだ。それだけじゃない。何よりも心が死んでしまったんだよ。

「こうして神は人を追放し…」　創世記 3:24

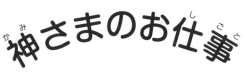

神さまのお仕事

Q 神さまは、今、何をしているの？

ハハハ。そうだねぇ。神さまはこの世界や人間をおつくりになったけど、エデンの園から人間もいなくなってしまって、そのあと何をしているんだろう。天国でゴロゴロしているのかな？

A 神さまは、わたしたちを救うために、いっしょうけんめい働いておられます。

人間は、せっかく神さまにつくられたのに、「死ぬ」ようになってしまった。まるで、こわれたオモチャのようだね。こんな人間をどうしたらいいんだろう？　こわれたオモチャをすてるのはかんたん。でも、それをなおすのは大変。まして、人間の「心」をなおすのは、とっても大変なんだ。

目には見えないけど、神さまはそのために、イエスさまや聖霊といっしょに、いっしょうけんめい働いてくださっているんだよ。

「わたしの父は今に至るまで働いておられます」
ヨハネの福音書 5：17

Q 神さまとイエスさまは、どこがちがうんですか？

おっ、なかなかむずかしい質問だね。教会学校では、「神さま」や「イエスさま」のお話を聞くけど、どこがちがうんだろう？

A 神さまもイエスさまも同じだけど、お仕事がちがいます。

同じ家族でも、お父さんとお母さんと子どもたちはちがうでしょ。神さまとイエスさまと聖霊なる神さまは、同じ家族だけどお仕事がちがうんだ。

神さまのことは「父なる」神さまっていうから、お父さん。イエスさまは、神さまの子どもだね。聖霊なる神さまは、いろいろと世話をしてくれるお母さんかなぁ。

人間の心が良い心になっていくためには、この神さまのお家の中で、まるで神さまの子どものように暮らすことがたいせつなんだ。その「神さまのお家」とは――そう、教会のことだね！

....

「聖霊が鳩のような形をして、イエスの上に降って来られた。すると、天から声がした。『あなたはわたしの愛する子…』」
ルカの福音書 3:22

Q 神さまとイエスさまと聖霊なる神さまは、どんなお仕事をするの？

神さまもイエスさまも聖霊なる神さまも、わたしたちのためにいっしょうけんめい働いているのでしたね。でも、それぞれどんなお仕事をしているのかなぁ？

A わたしたちを救うために、神さまが計画して、イエスさまがそのとおりにしてくださって、聖霊なる神さまが、わたしたち一人ひとりにその救いをあたえてくださるのです。

さいこうのレストランを想像してみましょう。神さまが、とびきりおいしい食事をかんがえてくださいます。イエスさまが、そのとおり、さいこうの料理をつくってくださる。そして、聖霊なる神さまが、そのお料理をみんなのところに運んでくださるんだ。なんてすばらしいレストランでしょう。なんてすばらしいチームワークでしょう！

「主イエス・キリストの恵み、神の愛、聖霊の交わりが、
あなたがたすべてとともにありますように」
コリント人への手紙第二 13:13

Q 神さまを信じていない人のためにも、神さまは働いているのですか？

あなたは、心がやさしい人ですね。神さまを信じていないお友だちや家族のことがしんぱいなんだね。

A 神さまは、神さまを信じている人のためにも、信じていない人のためにも、働いてくださっています。

よいお天気も雨の日も、食べ物ものみ物も、神さまはすべての人たちにあたえてくださいますね。生きている人たちはみんな神さまがつくってくださった、たいせつな人たちだからです。

でも、神さまを信じている人たちのためには、とくべつに働いてくださるんだよ。神さまの子どもたちだからね。

「父はご自分の太陽を悪人にも善人にも昇らせ…」
マタイの福音書 5:45

 Q 今まで、神さまにあった人はいますか？

　神さまがほんとうにいるのなら、あってみたいと思うよね。今までにあったことのある人がいるのかなぁ。

A はい。神さまに出あって、みことばをいただいた人たちがいます。でも、いちばんたいせつなのは、イエスさまが、神さまを見えるようにしてくださったことです。

　聖書には、目には見えない神さまに出あって、みことばをいただいた人たちが出てくるよ。でも、なんといってもすごいのはイエスさま。だって、イエスさまは神さまなのだから。

....

「神は昔、預言者たちによって…語られましたが、この終わりの時には、御子にあって私たちに語られました」
ヘブル人への手紙 1:1-2

イエスさまのおはたらきと十字架(じゅうじか)

Q イエスさまは、神さまのお仕事をするために生まれたのですか？

神さまの計画どおりにするのが、イエスさまのお仕事でしたね。ということは…イエスさまがお生まれになったのも、神さまのご計画だったのかな？

A そのとおり。人間を救うお仕事をするために、わたしたちのこの世界に、イエスさまはお生まれになりました。それが「クリスマス」のお話です。

イエスさまのお名前も、お生まれになった時間も場所も、ぜ〜んぶ神さまの計画ってすごくない？　クリスマスって、そんなにすごいお話だったんだね。

そのように、人間を救う神さまのとくべつなお仕事をする人のことを「キリスト」といいます。だから、「イエス・キリスト」なんだね。

「その名をイエスとつけなさい。　この方がご自分の民をその罪からお救いになるのです」　マタイの福音書 1:21

 Q イエスさまのお話が書いてある聖書は、どうして「福音書」というのですか？

おっ、よく知っているねー。たしかに、イエスさまのお話は「○○の福音書」という名前だね。マタイとマルコとルカとヨハネがあったね。みんなお弟子さんたちの名前だけど、「福音書」って何だろう？

 A「福音」とは、"よい知らせ"という意味です。イエスさまがわたしたちの救いのためにしてくださった、とってもうれしいお話なので、「福音書」といいます。

「よい知らせ」は英語で"グッドニュース"っていうんだ。神さまがわたしたちを救ってくださるなんて、これ以上の「よい知らせ」はないよね。だから「福音書」っていうんだね。

「神の子、イエス・キリストの福音のはじめ」
マルコの福音書 1:1

**Q なんでイエスさまのお話が４つもあるのですか？
なんだかみんな同じように見えますが…。**

う〜ん、たしかに。先生もはじめて新約聖書をよんだ時、なんで同じ話が４つもあるのかなぁってふしぎでした。

A よ〜くよむと、４つともちがうところがありますよ。それぞれのお弟子さんたちがうれしいと思った「福音」が書いてあるからです。

「福音書」はね、イエスさまの「伝記」ではないんだ。生まれてから死ぬまでのぜんぶが書いてあるわけじゃない。わたしたちの救いのために、イエスさまがしてくださった、たいせつなことだけが書いてあるんだよ。それぞれのお弟子さんが「これがたいせつ！」と思った「福音」が書いてあるんだね。

「これらのことを書いた者は、その弟子である」
ヨハネの福音書 21:24

 Q イエスさまのお話には、たくさん「きせき」があるけど、ほんとうにあったのですか？

これもふしぎだよね。病気の人をいやしたり、パンやさかながたくさんふえたり…。先生もさいしょは信じられませんでした。本当にあったのかなぁ。

 A ほんとうです。イエスさまは神さまの力をもっていましたから、できないことはありません。

イエスさまが神さまの子どもなら、「きせき」もふしぎじゃないよね。でも、もっとたいせつなのは、イエスさまの「きせき」はみんな、人のためだったということ。イエスさまは、神さまの力をわたしたちのためにつかってくださったんだね。

「神にとって不可能なことは何もありません」
ルカの福音書1:37

Q 教会のマークは、どうして「十字架」なの？

いいところに気がついたね。教会といえば「十字架」。でも、ほかの場所にも「十字架」のマークがあるよ。そう、病院にも赤い「十字架」があるね。じつは、教会の十字架も、病院の十字架も、"イエスさまの十字架"からきているんだ。でも、なぜ「十字架」なんだろう？

A 十字架は、イエスさまが、わたしたちを救うために死んでくださった"愛のしるし"だからです。

病院ではからだのいのち、教会では心のいのちを救います。「十字架」は、神さまが人間を救ってくださる愛のしるしなんだね。でも、「十字架」は、むかしむかし、悪い人を死刑にするためにつかったんだよ。イエスさまは、わたしたちを救うために、この十字架の上で死んでくださったんだ。

「十字架のことばは…救われる私たちには神の力です」
コリント人への手紙第一 1:18

 Q どうしてイエスさまは、十字架で死なれたのですか？

そうだよねぇ。イエスさまは、ちっとも悪い人じゃないのに。「わたしたちを救う」とか「愛のしるし」って、どういうことなんだろう？

 A 悪い心の人間がばつを受けるかわりに、正しいイエスさまがばつを受けるためです。神さまはそこまでしてわたしたちを救おうとしてくださったのです。

悪いことをして、しかられたことがあるかな？ でも、そのときに、あなたのかわりに「ボクがばつをうけます！」という人が出てきたらどうだろう？ その人はばつを受けるけど、あなたは助かる。その人が、イエスさまなんだ。イエスさまは、すべての人の身がわりになってくださった。それくらい、みんなを救いたいと思って、愛してくださったんだね。

「キリストも、多くの人の罪を負うために一度ご自分を献げ…」 ヘブル人への手紙 9:28

Q どんな悪いことをしても、あやまれば、ゆるしてくれるのですか？

そうだねぇ。イエスさまが身がわりになって死んでくださったことはわかったけれど、どんな悪いことでもゆるしてくれるのかなぁ？何回も悪いことをしてしまったら、どうなんだろう？

A 神さまに「ごめんなさい」をいうなら、どんな悪いことでも、何度でもゆるしてくださいます。

イエスさまの救いは、とってもとっても大きいんだ。それは、ちょうど、雨の日のカサみたい。カサの中にいると、雨から守られるよね。わたしたちの心はまっ黒でも、イエスさまの大きなカサのおかげで、ばつをうけないで、何度でもゆるしていただけるんだ。

「もし私たちが自分の罪を告白するなら、神は…その罪を赦し、私たちをすべての不義からきよめてくださいます」
ヨハネの手紙第一 1:9

Q それでは、なんだか、悪いことをしたほうが得みたいですけど···。

なるほど〜。たしかにそうだね。何度でもゆるしてもらえるなら、どんどん悪いことをしてもいいのかな？

A イエスさまのことをかんがえたら、そんなことはできません。イエスさまは、わたしたちの心が新しくなるために、死んで、よみがえってくださったのですから。

イエスさまは、わたしたちのことを愛して、身がわりになられたんだよね。そんなイエスさまの心をかんがえたら、「悪いことをしても平気」なんて思えないよ。十字架のしるしは、イエスさまの愛を忘れないためなんだ。それだけじゃない。イエスさまは、死んだ後でよみがえったよね。それは、わたしたちの心が新しくされるためなんだよ！

――――――――――――――――――――――――――

「私たちは…恵みの下にあるのだから、罪を犯そう、となるのでしょうか。決してそんなことはありません」
　　　　　　　　　　　　　　　　　　ローマ人への手紙 6:15

イエスさまの よみがえり

Q イエスさまは、なんのために
よみがえったのですか？
なんだかゾンビみたい…。

ハハハ。たしかに、死んだ人が、お墓から出てきたらこわいよね。イエスさまのよみがえりって、ゾンビと同じなのかなぁ。

A イエスさまは、いつまでもわたしたちと
いっしょにいるために、死なないからだに
よみがえられました。

ゾンビはおばけだけど、よみがえったイエスさまは、いつもの本物のイエスさま。しかも、死なないからだによみがえられたんだよ。だから、イエスさまがいなくなることはもう二度とないんだ。「イースター」は、そのお祝いをする日だよ。

「わたしの手やわたしの足を見なさい。…霊なら肉や骨はありません」ルカの福音書 24:39

 Q よみがえったイエスさまは、今どこにいるのですか？

そうだよね。いつまでもいなくならないはずなのに、どこに行ったんだろうねぇ。

 A よみがえったイエスさまは、天におかえりになりました。今は目に見えないけれど、いつでもわたしたちといっしょにいてくださいます。

聖書のお話をよむと、よみがえったイエスさまは、弟子たちが見ている前で天にのぼられたって、書いてあるよ（使徒の働き1章）。でも、イエスさまはおっしゃったんだ。「わたしは世の終わりまで、いつもあなたがたとともにいます」って（マタイの福音書28章20節）。

「イエスは使徒たちが見ている間に上げられた」
使徒の働き 1:9

 Q イエスさまがいなくなったあとで、お弟子さんたちはどうしたの？

イエスさまが十字架にかかるまえに、お弟子さんたちはみ〜んな逃げちゃったよね。イエスさまが天におかえりになったら、またまた逃げちゃったのかな。

 A お弟子さんたちは、聖霊の力をいただいて、心が強くなりました。そして、イエスさまの教会のために、いっしょうけんめい働く人になりました。

イエスさまが天におかえりになったかわりに、弟子たちにあたえられたのが聖霊です。聖霊なる神さまは、イエスさまの救いをわたしたちにあたえてくださる方でしたね。弱かった弟子たちも、それで心が強くなりました。聖霊は、信じる人たちみんなにあたえられる神さまの力なんだ。

「聖霊があなたがたの上に臨むとき、あなたがたは力を受けます。そして…地の果てまで、わたしの証人となります」
使徒の働き 1:8

Q イエスさまが「もう一度来る」って本当ですか？

よみがえられたイエスさまがずっといてくださるのなら、なんでもう一度来られるんだろう。「もう一度来る」ってどういうことなのかな。

A イエスさまは、そのように約束されました。その時には、すべての人がイエスさまを見ることになります。

イエスさまは、お弟子さんたちに、「わたしはもう一度来る」と何度も約束されました。もちろん、イエスさまはいつでもいっしょだけど、今は見えないよね。もう一度来られる時には、信じている人も信じていない人も、みんながわかるように来られるんだ。

「このイエスは、天に上って行くのをあなたがたが見たのと同じ有様で、またおいでになります」

使徒の働き 1:11

教会のこと

Q なんで日曜日に教会に行くの？

みなさんは、教会が好きですか？ 先生は子どものころ、教会のこともイエスさまのことも、な〜んにも知りませんでした。でも、イエスさまを信じてから、日曜日に教会に行くことが大好きになりました！ でも、どうして日曜日なんだろうねぇ。

A 日曜日に、イエスさまが よみがえられたからです。

イエスさまをみんなで礼拝するために行くのですよ。

イエスさまは、日曜日の朝に死人の中からよみがえりました。そうしてお弟子さんたちにあいましたね。お弟子さんたちは大喜び。悲しい気もちもふきとんで、元気になりました。イエスさまは、今もおられます。だから、みんなでイエスさまを礼拝するために教会に行くんだね。そうすると、心も新しくされて元気になるよ！

....

「週の初めの日の夕方…イエスが来て彼らの真ん中に立ち、
こう言われた。『平安があなたがたにあるように。』…
弟子たちは主を見て喜んだ」　ヨハネの福音書 20:19-20

Q「礼拝」ってなんですか？

そうだねぇ。教会に行く時も「礼拝に行く」というし、おとなの人たちが「ハイ、礼拝がはじまりますよ〜」って、よくいうよね。神さまを「礼拝」するって何をするんだろう？

A 神さまのお話を聞いたり、お祈りしたり、賛美したりして、神さまといっしょにすごすことです。

やさしくしてくれる人といっしょにいると、ほっとするし、うれしくなるよね。礼拝は、みんなのことが大好きな神さまといっしょにいること。目には見えないけれど、神さまのお話を聞いたり、お祈りをして神さまとお話しをしたり、歌をうたったりするんだ。神さまは、子どもたちの礼拝をとってもよろこんでくださるんだよ！（マタイの福音書21章16節）

「彼らはいつも、使徒たちの教えを守り、交わりを持ち、パンを裂き、祈りをしていた」 使徒の働き 2:42

33

Q 礼拝では「献金」もするけど、
神さまはお金がないの？

ハハハ。たしかに〜！ 神さまはお金なんかいらないはずだけど、どうして献金するんだろうねぇ。献金をするとなんか損をした気持ちになっちゃうかな？

A「献金」は、神さまへの
感謝のしるしです。
「神さま、ありがとう」という心と
いっしょにささげましょう！

先生がアフリカの教会に行った時、献金の時間が1時間もありました！ おとなも子どもも、みんなでおどりながら（すこしのお金を）なんどもなんども献金したのです。あんなにたのしい献金は、はじめてでした。

神さまがよろこばれるのは、お金ではありません。みんなのよろこぶ「心」です。あつまった献金は、日曜学校のイベントなど教会のためにつかわれますよ。

「一人ひとり、 いやいやながらでなく…心で決めたとおりにしなさい。 神は、 喜んで与える人を愛してくださるのです」
コリント人への手紙第二 9:7

 **Q 教会の先生は、なんで「牧師」と
いうんですか？**

「ボクシ」って、なんとなく「ボクシング」みたいだね。でも、そんなに強そうじゃないし…。

 **A 「牧師」というのは「羊かい」という
意味です。イエスさまのかわりに、
教会の人（＝羊）たちのために
お仕事をするからです。**

イエスさまが、本当の「羊かい」ですね。「牧師」さんは、イエスさまのかわりに、神さまのお話をしたり、病気の人をたずねたりして、教会の人たちをたいせつにそだてるお仕事をするんだ。

....

「イエスは彼（ペテロ）に言われた。『わたしの子羊を
飼いなさい』」　ヨハネの福音書 21:15

Q 教会では、どうして「兄弟」とか「姉妹」とか呼ぶんですか？

そうそう。先生がはじめて教会に行ったときも、ビックリしました。「吉田兄」と言われたんだけど、「どうしてボクがお兄さんだって知っているんだろう？」って。

A イエスさまを信じる人は、みんな神さまの家族だからです。

お弟子さんたちのことを、イエスさまは「わたしの兄弟、姉妹」と呼びました（マタイの福音書12章50節）。"わたしの家族"ということです。世界のどこに行っても教会では「兄弟、姉妹」と言ってくれるよ。世界中にたくさんの家族がいるってすごくない？

「だれでも天におられるわたしの父のみこころを行うなら、
その人こそわたしの兄弟、姉妹、母なのです」

マタイの福音書12:50

Q 「バプテスマ」ってなんですか?

「バプテスマ」は、"水にひたす"という意味です。教会によっては「洗礼」とも言います。こちらには「洗う」という漢字があるね。いったい何を洗うんだろう?

A 神さまにわたしたちの罪を洗っていただいて、生まれかわるために水にひたすことです。

わたしたちは生まれつき罪びとですね。でも、イエスさまを信じると、ぜんぶの罪がゆるされて、神さまの子どもになれるんだ。だから、わたしたちが本当にゆるされたことがわかるように、水にひたしたり洗ったりするんだね。

「私たちは…バプテスマによって、キリストとともに葬られたのです。それは…私たちも、新しいいのちに歩むためです」 ローマ人への手紙 6:4

 Q「聖さん式」では、なんでパンとぶどうジュースをつかうのですか?

礼拝の中で食べたりのんだり。おいしそうだよね。でも、なんでパンとぶどうジュースなのかなぁ?

 A イエスさまのからだと血をあらわすからです。

イエスさまが、十字架にかかる前の夜に、お弟子さんたちとお食事をしました。その時に、パンとぶどうののみ物をとって、「これはわたしのからだ。これはわたしの血」と言って、お弟子さんたちにくださったんだ。だから、わたしたちも、イエスさまがいつもおられることを忘れないように、「聖さん式」をするんだよ。

「イエスはパンを取り…言われた。『取って食べなさい。これはわたしのからだです。また、杯を取り…お与えになった。『みな、この杯から飲みなさい。これは…わたしの契約の血です』」 マタイの福音書 26・26-28

Q わたしは、来年、中学生です。中学では部活があります。部活で教会を休むのは悪いことですか？

そうかぁ。みんな大きくなるのがはやいねぇ。日曜日に練習がある部活もあるよね。どうしたらいいのかなぁ？

A 部活をすることは、悪いことではありません。でも、教会に行くことは、あなたの心にとてもたいせつなことです。どうすればいいか、教会の先生と相談してみましょう。

部活に行く前やおわってから礼拝に行くとか、毎月一回は部活を休むとか、キャンプにはぜったい行くとか、いろいろ工夫できるよ。みんなの心が神さまから離れないためにどうすればいいか、相談をして祈ってもらいましょう。

「肉体の鍛錬も少しは有益ですが、今のいのちと来たるべきいのちを約束する敬虔は、すべてに有益です」
テモテへの手紙第一 4:8

Q イエスさまを信じていないと教会には行けないのですか？

そんなふうに思ってしまうかもね。みんなは信じていても、信じていない人は教会や礼拝に行けないのかなぁ？

A いいえ。イエスさまはすべての人を愛しておられますから、どんな人でもイエスさまはよろこんでむかえてくださいます。

イエスさまは、すべての人を救うために十字架にかかってくださったんだよね。だから、どんな人でもイエスさまは愛してくださるんだ。まだ信じることができない人も、悪いことをしてしまった人も、教会に行けば「よく来たね！」って、見えないイエスさまがよろこんでむかえてくださる。なんとなく教会に行きたくない日があるかもしれないけれど、イエスさまはみんなが来るのをいつでも待っておられるんだよ！

「すべて疲れた人、重荷を負っている人はわたしのもとに来なさい」　マタイの福音書11:28

 Q「お祈り」は、
どうすればいいのですか？

　みなさんは、ひとりでお祈りすることがありますか？　ほかの人がお祈りするのを聞くことはありますね。さいごに「アーメン」と言いますよね（「そのとおりです」という意味です）。でも、自分ひとりでお祈りする時は、どうすればいいんだろう？

A お友だちにお話しするように、
話していいのですよ。
神さまは、みんなのお祈りをいつも
聞いていてくださいます。

　お祈りは、神さまとお話しすることです。うれしい時も、かなしい時も、どんなことでも、みんなの気もちを話してみましょう。目には見えないけれど、天のお父さん（神さま）はみんなの話をちゃんと聞いておられます。そして、いちばんよい時に、いちばんよいことをしてくださるんだ。ホントだよ！

　「天におられるあなたがたの父は、ご自分に求める者たちに、
　良いものを与えてくださらないことがあるでしょうか」
　　　　　　　　　　　　　　　　　　　　マタイの福音書 7:11

**Q でも、神さまはずっとだまって
いるみたいですけど…。**

なるほど。いくらお祈りしても、神さまはシ〜ンとしているような気がするね。神さまは、お話ししてくださらないのかなぁ？

**A 神さまは、聖書のことばで、
みんなにお話ししてくださいます。**

神さまがわたしたちにお話ししたいことは、実は、み〜んな聖書に書いてあるんだ。だから、みんながお祈りすると、きっと神さまは聖書でこたえてくださると思うよ。

元気がないときは「元気を出しなさい」とか、しんぱいなときには「なにもしんぱいしなくていいよ」と、はげましてくださる。聖書には、みんなへのメッセージがかならずあるんだ！

「私は…叫び求めます。
　あなたのみことばを待ち望んでいます」　詩篇119:147

Q 聖書は、たくさん字があって、とてもむずかしいです。

そうだよね。あんなにぶあつい本をよんでいる人なんて、学校のお友だちにはいないかもしれない。字ばっかりだし、どうしたらわかるんだろう？

A 日曜学校や礼拝で、教会の先生がやさしくおしえてくださいますよ。さいしょは、マンガの聖書もいいですね。

聖書のお話がわかるように、教会の先生がお話ししてください。わからないときは、なんでも質問してみよう！　字ばかりでむずかしいときは、マンガやアニメの聖書を見るとよくわかるよ。

「生まれたばかりの乳飲み子のように、偽りのない、
みことばの乳を慕い求めなさい」
　　　　　　　　　　　ペテロの手紙第一 2.2 〔別訳〕

Q「旧約」聖書と「新約」聖書って、何ですか?

ぶあつい聖書は、よ〜く見ると、二つにわかれているね。「旧約」とか「新約」って、どういう意味だろう。

A「旧約」は古い約束、「新約」は新しい約束という意味です。
イエスさまが来られるまでのお話が「旧約」。
来られた後のお話が「新約」です。
どちらもわたしたちを救ってくださる
神さまのたいせつなお約束です。

世界と人間がつくられたお話や、アブラハムさんやモーセさんたちのお話が書かれているのが「旧約」。イエスさまやお弟子さんたちのお話が「新約」だね。どちらも同じ神さまがわたしたち人間を救ってくださるお話が書いてあるから、二つあわせて一つの聖書なんだ。

「神は、『新しい契約』と呼ぶことで、初めの契約を古いものとされました」　ヘブル人への手紙8:13

 Q 教会にお友だちをさそいたいのですが、勇気がでません。どうしたらできますか？

えらい！ 教会は、神さまのお話が聞ける、とってもたいせつな場所だもんね。そこにお友だちをさそいたいなんて、えらいなぁ。でも、「ことわられたら、どうしよう」と、しんぱいになるんだね。

A まずは、「お友だちをさそう勇気をください」って、神さまにお祈りしましょう。神さまはきっと、お話できるようにしてくださいますよ。

ふだんの日曜日に来てもらうのはむずかしいかもしれないけれど、クリスマス会やおたのしみ会なら、さそいやすいんじゃないかな。お祈りしながら、勇気をもってさそってみよう。神さまがお友だちの心をみちびいてくださるときが、きっとくるよ！

「恐れないで、語り続けなさい。 この町には、わたしの民がたくさんいるのだから」
使徒の働き 18:9-10

神さまを信じる生活

 Q わたしは神さまを信じているけれど、お姉ちゃんは信じていません。どうしてですか。

そうだよね。「信じる」ことは、なにもむずかしいことじゃないのに、なんでほかの人は信じないんだろう？

 A 信じる心は、いちばんよいときに、神さまがあたえてくださるからです。

人間が心をひらいて神さまを「信じる」ようになるのは、神さまのとくべつな力のおかげです。だれが・いつ信じるようになるのか、わたしたちにはわかりません。だから、お姉ちゃんも、ほかの家族やお友だちも信じることができるように、神さまにお祈りしましょうね。きっと、そのお祈りは、いちばんよいときにかなえられるから。

「主は彼女の心を開いて…」
　　　　　使徒の働き 16:14

 **Q なんで世界には、いろんな宗教が
あるんですか？**

むずかしい質問だねぇ。たしかに、たくさんの「宗教」があるよね。神さまがお一人なら、一つだけでいいのにね。

 **A 人間には、神さまのことを信じたい心が
あります。でも、本当の神さまが
わからなくなってしまったからです。**

人間は神さまにつくっていただいたから、神さまを信じたい心がだれにでもあるんだ。

でも、本当の神さまのことがわからなくなってしまったので、自分でかってに神さまをつくりはじめた。それで、たくさんになってしまったんだね。だから、本当の神さまをちゃんと信じることができるように、聖書をしっかりよみましょうね。

「あなたがたが知らずに拝んでいるもの、それを教えましょう」
使徒の働き 17:23

Q 友だちは「うらない」をしたり神社の「おまつり」に行ったりしています。クリスチャンはしないのですか？

先生もクリスチャンになる前は、うらないをしたり、おまつりに行ったりしていたよ。でも、クリスチャンになったら、しなくなったんだ。なぜだかわかるかな？

A 本当の神さまのことがわかったら、「うらない」も「おまつり」もいらなくなるからです。

だって、神さまがわたしたちのことをぜ〜んぶ知っておられるんだから「うらない」なんていらないし、ほんとうの神さまの「おまつり」は教会の礼拝でできるからね。

....

「あなたがたが…偶像から神に立ち返って、
生けるまことの神に仕えるようになり…」
テサロニケ人への手紙第一 1:9

 Q 神さまによろこばれるには、どうしたらいいのですか？

そうだねぇ。神さまは、いつもたくさんのことをわたしたちのためにしてくださっているものね。神さまにもよろこんでいただくには、どうしたらいいのかなぁ。

 A 聖書にかいてある神さまのおしえを、まもることです。でも、いちばんたいせつなのは、いつもよろこんで神さまに感謝する心です。

聖書には、みんながしあわせになってほしいという神さまのことばがたくさん書いてあります。だから、それをまもってみましょう。でも、もっとたいせつなのは、「神さま、わたしを救ってくださってありがとう！」って感謝する心だよ。みんなのよろこんでいる顔を神さまもよろこんでくださるんだ。

....

「いつも喜んでいなさい。絶えず祈りなさい。
すべてのことにおいて感謝しなさい」
テサロニケ人への手紙第一 5:16-18

 Q うちのお父さんとお母さんは、聖書の「あなたの父と母を敬え」ということばをよく言います。なんだかズルイなぁと思います。

ワッハッハ。痛いところをつかれました。先生もうちの子どもたちにときどき言ってしまうなぁ。そんなふうに神さまのことばをつかうのは、あまりよくないかもね。どうしたらいいんだろう。

 A 聖書にはいろんな人たちのための、神さまのことばが書いてあるよ。一つのことばだけでなく、いろんなことばをさがしてみましょう。

お父さんやお母さんの言うことを聞くのは、とてもたいせつ。でも、聖書には「父たちよ。自分の子どもたちを怒らせてはいけません」(エペソ人への手紙6章4節)ということばもあるよ！ おとなも子どもも、みんながしあわせになることを、神さまはねがっておられるんだね。

......

「あなたのみおしえは 私の喜びです」
詩篇 119:77

**Q きらいな友だちがいるのですが…。
どうしたらなかよくなれますか？**

そっかー。なかよしじゃない友だちもいるよね。でも、なかよくなりたいと思っているんだね。それはとってもすばらしいことだよ。どうしたらいいのかなぁ。

**A あきらめないで、なかよくなれるように
神さまにお祈りしてみましょう。
神さまはふしぎに、なかよしに
してくださると思うよ。**

だれかをすきになったり、きらいになったりするのは、わたしたちの心だね。人間の心を、神さまは変えることができるんだ。そのお友だちのお話をよ～く聞いてあげてごらん。きっと、少しずつ、なかよしになっていけるんじゃないかな。

でも、もしだれかにいじわるをされていたら、おうちの人や先生にそうだんしてね。

「自分の敵を愛し、自分を迫害する者のために祈りなさい」
マタイの福音書 5:44

Q わたしは、すぐにほかの人と自分をくらべて落ちこんでしまいます。どうしたらいいですか？

あるある！　先生にもあるなぁ、そういうとき。あの人はあんなにできるのに、自分は何にもできないなぁ、とかね。

A あなたは、あなた。あなたは、そのままで、とってもたいせつな人です。だから、元気をだして。友だちとくらべたりしないで、神さまだけを見あげましょう！

何かができるからじゃなくて、あなたがいるだけで神さまはよろこんでくださるんだよ。あなたのかわりになる人などいないからね。あなたがどんなにたいせつな人か、忘れないでね。いつでも神さまを見あげて、落ちこむ気もちをふきとばそう！

....

「わたしの目には、　あなたは高価で尊い。
わたしはあなたを愛している」

イザヤ書 43:4

天国のこと

Q 人はなぜ死ぬのですか？

たいせつな質問だね。年をとって死ぬだけでなく、病気や事故で死んでしまうこともあるね。だれかが死ぬのも、自分が死ぬのもいやだよね。どうして人間は死ぬのかなぁ。

A 人が神さまから離れて罪を おかしたからです。
いのちは神さまのものですから、
神さまから離れて生きることはできません。

さいしょのほうでも学びましたね。人間をつくって、いのちをあたえてくださったのは神さま。その神さまから人間が罪をおかして離れたので、死ぬようになってしまったんだね。

ということは…、わたしたちがもう一度神さまを信じるようになれば、えいえんに生きられるということなんだ！

....

「罪の報酬は死です。 しかし神の賜物は、 私たちの
主キリスト・イエスにある永遠のいのちです」
ローマ人への手紙 6:23

Q でも、クリスチャンも死にますよね？

するどい質問だね。たしかに、そのとおり。イエスさまを信じる人は罪がゆるされて、えいえんに生きるって聖書に書いてあるのに、なぜクリスチャンも死ぬんだろう？

A クリスチャンの死は、天国への入り口です。地上のいのちはおしまいですが、天国でイエスさまといっしょに、えいえんに生きるのですよ。

いのちには、「たましい」のいのちと、「からだ」のいのちがあります（マタイの福音書10章28節）。「からだ」のいのちは、いつかおわります。でも、イエスさまを信じた「たましい」のいのちは、おわらないんだ。イエスさまや天国に行った人たちとみんなで、えいえんに生きるんだよ。

「わたしを信じる者は死んでも生きるのです」
ヨハネの福音書11:25

 Q うちの犬が死にました。天国であえますか？

そのワンちゃんとなかよしだったんだね。神さまは、天国でワンちゃんとあわせてくださるかなぁ…。

 A 先生は、あえると思いますよ。聖書に「主よ あなたは人や獣を救ってくださいます」（詩篇36篇6節）と書いてあるもの。

そういえば、ヨナさんのお話にも、神さまがニネベの人たちだけでなく、牛やひつじたちもたすけてくださったって書いてあったね（ヨナ書4章11節）。それなら、あなたが大好きだったワンちゃんにもきっとあわせてくださると、先生は思うなぁ。

....

「わたしは、この大きな都ニネベを惜しまないでいられるだろうか。そこには…数多くの家畜がいるではないか」

ヨナ書4:11

 Q 死んだら、ほかのものに生まれかわるんですか？

ハハハ。なにかのマンガでよんだのかな？　わたしはお魚が好きだから人間になる前には猫だったとか、死んだら犬に生まれかわりたいとか…。死んだら、わたしはどうなるんだろう？

 A 死んだあとも、あなたはあなたです。やがてあなたも、イエスさまと同じように、新しいあなたのからだによみがえるのですよ。

イエスさまのことをかんがえてみよう。イエスさまが死んで三日目によみがえったときに、犬や猫になったかな？　イエスさまのままだったよね。でも、まったく新しい死なないからだでした。だから、あなたもあなたのままで、まったく新しいからだによみがえるんだ！

「ラッパが鳴ると、死者は朽ちないものによみがえり、
私たちは変えられるのです」　コリント人への手紙第一 15:52

Q どんないいことをすれば、天国に行けるのですか?

「こんなわたしじゃ天国に行けないよ。悪いことをしちゃったから地獄に行くのかなぁ」と思うこともあるよね。どうすればいいんだろう?

A 天国に行くためには、イエスさまを信じるだけでいいのです。

イエスさまは、わたしが天国への門だよ、道だよ、とおっしゃいました（ヨハネの福音書14章6節）。だから、イエスさまを心から信じるだけでいいんだ。これが、神さまからのグッドニュース。「福音」なんだね！

「御子を信じる者が、一人として滅びることなく、永遠のいのちを持つためである」 ヨハネの福音書3:16

Q イエスさまのことを知らないで死んだ人たちは、どうなるんですか？

なかなかむずかしい質問だね。イエスさまのことを信じた人が天国に行けるのなら、イエスさまを知らないままで死んでしまった人たちはどうなるんだろう？

A わたしたちにはわかりません。でも、神さまが救おうとされる人はかならず救われると、聖書には書いてあるよ（ローマ人への手紙9章18節など）。

イエスさまを知らずに死んでしまった人たちがどうなるか、人間にはわからないんだ。ハッキリわかっているのは、イエスさまを信じた人たちは、かならず天国に行けるということ。だから、世界中の人たちにイエスさまのことをつたえようね。

....

「わたしは恵もうと思う者を恵み、
あわれもうと思う者をあわれむ」
出エジプト記 33:19

Q 天国は、どこにあるのですか?

　いい質問だね。イエスさまを信じた人は天国に行くって言われるけど、どこにあるのかわからないとこまるよね。「天」の国だから、空のずっと上のほうにあるのかなぁ。

A イエスさまがおられるところが、天国です。

　実は、天国の「天」というのは、「神さま」ということなんだ。「神さまの国」というのと同じだね。たいせつなのは、「天国」でも「神さまの国」でも、えいえんにイエスさまといっしょにいるところということ。だから、イエスさまがおられなければ天国じゃないよね。

....

　「あなたは今日、わたしとともにパラダイス（天国）にいます」ルカの福音書 23:43

Q 地上にいても、イエスさまが いっしょにおられれば天国なんですか？

なるほど。イエスさまが、いつもわたしたちといっしょにいてくださるのなら、わたしたちはもう天国にいるっていうことなのかなぁ？

A そのとおりです！ 地上でもイエスさまが おられるなら、そこは天国です。 でも、まだかんぜんではありません。

イエスさまを信じているみんなは、実は、もう天国をちょっぴり知っているんだ。だって、イエスさまがいるとうれしくなるでしょ？
でも、ぜんぶじゃない。今はイエスさまが見えないからね。かんぜんな天国では、イエスさまをはっきり見ることができるんだ。そして、悪いことはぜ〜んぶなくなるんだよ！

「神の国はあなたがたのただ中にあるのです」
ルカの福音書 17:21

Q アニメで世界がおわる話を見ました。
「世界のおわり」ってどうなるんですか？
何だかこわいなぁ…。

世界中で戦争がおこって、みんな死んで、世界がおわりなんていうお話だね。そんなことがおこったら、いやだねぇ。この世界はいったいどうなるんだろう？

A こわがらなくてもだいじょうぶ。
世界をおわらせるのは、神さまだけです。
そうして、神さまのすばらしい
新しい世界がはじまるのです。

世界をはじめるのもおわらせるのも、神さまだけができること。この世界のおわりは、神さまの新しい世界のはじまり、かんぜんな天国のはじまりなんだ。みんなのことが大好きな神さまが、いつまでもいっしょにいてくださるから、こわがらなくてもだいじょうぶ。この世界に神さまがいてくださって、ほんとうによかったね！

「私は、新しい天と新しい地を見た」
ヨハネの黙示録 21:1

Q いつになったら、かんぜんな天国になるんですか?

ナイスな質問だね。はやく、かんぜんな天国を見たいよ〜。

A イエスさまが、もう一度、この世界に来られる時です。

イエスさまは、もう一度、この世界にやって来ると約束されましたね。いつかはわからないけれど、その日に、天国はかんぜんになって、この世界ぜんぶが神さまの国になるんだ。なんだかワクワクしちゃうね。その日がくるまで、みんなでイエスさまを信じてまっていよう!

....

「アーメン。主イエスよ、来てください」
ヨハネの黙示録 22:20

あとがき

　本書は、子ども福音まんが雑誌・月刊『らみい』に、「教えて！校長先生」というタイトルで、一年（12回）にわたって連載したものがもとになっています。この企画のために編集部の皆さんが子どもたちから実際に集めてくださったたくさんの質問の中から、私が選んだものに答えるという形で連載しました。12回だけでしたが、毎回、子どもたちの鋭い質問にわかりやすく答えるにはどうすればよいかと悩みながらも、とても楽しい時を過ごすことができました。

　この連載が書籍になるにあたり、連載では取り上げることのできなかった他の質問にも答え、全体の流れに必要と思われたいくつかの問答を私が補って完成しました。通常の「信仰問答」は質問も大人が自分で考えて作られるものですが、本書の特徴は、子どもたちが実際に発した問いに根ざしている点にあります。それだけにリアルな、教会に来ている子どもたちの素直な声を聞くことができて、感謝しています。"神学"という営みは、本来、このようにして為されるものなのでしょう。

　終わりになりましたが、本書を企画・サポートしてくださった

「らみい編集部」の皆さん、そして毎回適切かつ楽しい漫画を描いてくださった「水瀬こりす」さんには、心からの感謝を申し上げます。

　また、我が家の家庭礼拝をずっと導いて、3人の子どもたちとの"Q＆A"によって信仰を育んでくれた妻・通志子にも、この場を借りて感謝をしたいと思います。

　本書が、子どもたちの信仰の成長のために、ご家庭や日曜学校で豊かに用いられることを祈りつつ。

吉田　隆

著者　吉田　隆（よしだ・たかし）

埼玉県深谷市出身。
現在、神戸改革派神学校校長と日本キリスト改革派甲子園教会牧師。

いっしょに考えよう
神さまとわたしのQ&A

2025年3月15日発行

著者　吉田　隆

デザイン　タルタ ルツコ

発行　いのちのことば社
　　　〒164-0001　東京都中野区中野2-1-5
　　　編集　Tel.03-5341-6924　Fax.03-5341-6932
　　　営業　Tel.03-5341-6920　Fax.03-5341-6921

印刷・製本　日本ハイコム株式会社
聖書 新改訳2017©2017新日本聖書刊行会

落丁・乱丁はお取り替えいたします。
Printed in Japan
©2025 Takashi Yoshida
ISBN978-4-264-04574-8